Vardagsfunderingar från en utkant

TORBJÖRN JOHANSSON

Vardagsfunderingar från en utkant

FSC
www.fsc.org
MIX
Papper från
ansvarsfulla källor
Paper from
responsible sources
FSC® C105338

Sättning och omslagsutformning: BoD – Books on Demand

Förlag: BoD – Books on Demand, Stockholm, Sverige

Tryck: BoD – Books on Demand, Norderstedt, Tyskland

ISBN: 978-91-7785-145-5

Innehållsförteckning

Om huru det högmekaniserade jordbruket gav mej åter vida vyer västerut.

Plötsligt fick jag havsutsikten åter,
majsen skördades på grannens åker.
Krossad, stoppad in i jättekorvar,
blekvita som jätteproppen Orvar.
Vintermat för tjurar, kvigor, kor,
där jag bor.
Maskinen som slog var New Holland femhundra.
Herreminje, vad en sådan kan dundra.
Skimrande grön i oktobersols glans,
skörden den gick som en finskugrisk dans.

Fröjd.

Att med nypumpade sommardäck,
fackmannamässigt monterade och fyllda med hälsosam,
halländsk vårluft, glida fram i omgivningsanpassad fart,
på slingrande bokskogsbekransad landsväg, är fröjd.
Jag är nöjd.

Inställd.

Enligt herr Lundell, är en inställd spelning också en spelning.
I så fall borde väl en inställd betalning också vara en betalning, eller?

Besök.

Hade trivsamt söndagseftermiddagsbesök av gammal vän,
ornitologiintresserad av Guds nåde.
Enligt honom är det genetiskt betingat,
han är född och uppvuxen på Hönö.
Han visade sin nyinköpta kikare.
Ett utmärkt instrument, med hjälp av vilket, han kan tydligt skilja en prutgås från en smörgås, på upp till trehundra meters avstånd, i dimma!

Sista?

Denna sommars sista fluga,
dog i sista takten av en fuga,
av Bach,
Johann Sebastian,
ach,
Du lieber Augustin.
Jag slog så snabbt, så rappt,
så att,
flugan knappt
kände, att det blev Gonatt.

Snart.

Snart höstdagjämning.
En sorts sommaravlämning,
då naturen byter stämning
från sensommarrusk
till förhöstro.
Milt och skönt,
ännu grönt.
Det är här man ska bo.

Skörd.

Nu skördas fodermajsen.
Den kapas jäms med fotknölarna.
Vi, här boendes, återfår våra utsikter.
Majsen däremot,
krossas och sprutas in i gigantiska plastfjälster.
Blir till bamsekorvar som placeras utanför fähusen.
Näringsrik föda för boskap,
begränsade utsikter för majsen.

Regn.

Regnet som faller,
liknar ett galler.
Smattrar mot fönster,
spännande mönster
bildas av droppar,
pyttesmå kroppar.
Mjuka och lena,
tycks vara rena.
Glimmar och glittrar,
tvättar naturen.
Men den som går ut nu
blir säkert en sur en.

Ump

Av det stolta presidentämbetet i USA,
det finaste som kan köpas för pengar,
finns nu endast kvar en liten stump –
Trump.

Varbergs torg.

”Se upp för fåglarna”, sa korvförsäljerskan i Torggrillen,
när hon langade över min beställda grillade med bröd.
Det gjorde jag.
I samma ögonblick som jag tittade uppåt,
kände jag hur något ryckte min måltid ur min hand.
Den gråvita matmarodören lyfte mot den blå
sommarskyn med min korv i näbben.

Porträtt.

Excentrisk,
rundlagd,
någorlunda proper äldre herre, som samlar.
Så beskrivs jag av en av mina bästa vänner.
Måhända har hon rätt,
i alla fall om man med excentrisk menar att jag
inte är centerpartist.

Pågående process.

Förfallet fortgår,
dock utan större plågor.
Men vissa frågor
väntar fortfarande svar.

Efter storm.

I Babylon hade man, enligt bibeln, hängande trädgårdar.
Själv har jag, efter dagens stormvindar,
en liggande trädgård.
Träden är inte längre höga, bara långa,
men lika många.

TRÖST.

Nu ruttnar sommar snart mot höst,
nu kuttrar duvor med augustiröst.
Dagar krymper långsamt nu på längden.
Soltimmar minskar nu, och mängden
av bara axlar, ben och lår,
syns något mindre än igår.
Men,
hav tröst.
Surströmming, kräftor och sen Mårten Gås.
Vi får en härlig höst,
gunås.

Aha.

Jag har förstått att det är inne att köpa färdigslitna jeans med hål vid knän, och bland röv. Funderar på om man kan använda samma koncept när det gäller färdigspillda slipsar.
I så fall kan jag erbjuda ett antal. T.ex. diskret blåvitrandig med tydliga rödvinsfläckar, djupröda sidenslipsar med spår av ägg.
Humana priser, diskret leverans. 580 kr/styck, inkl. porto.

Börjar känna mej gammal.

Det språk jag numera bäst behärskar är nostalgiska.

Vilsen.

Vart han sig i världen vände,
såg han ingen som han kände.
Ensam kom han,
ensam gick han.
Inga glada tillrop fick han.
Alla vände honom ryggen,
trodde att han var en stygg en.
Nådastöten kom i fjol,
då han sågs med en fiol.
Det troddes också, lite trist, att han varit folkpartist.
Men, i själva verkligheten, var han bara lite sleten,
poeten.

Sommar.

Almedalen
Socialister
Liberalister
Centerpartister
En finansminister
KåDe-ister
Hemlandsfacister
Nazister
Miljöpartister
Och så hon som sist var
fast i eget klister och ville bli statsminister.
Så är veckan gången,
men sommaren är kommen.
Ända ner till Glommen,
med cyklister, naturister,
husbilsbilister
och allsång
med trivselterrorister.

Tvivel.

Det påstås att med stigande ålder minskar behoven.
Tveksamt.
Dom gör sej i alla fall påminda mycket mera ofta.

FIKA.

Då:
Kok-kaffe (björkved i spisen),
porslinskoppar med dekor, ibland i guld,
tefat.
Sockerskål med bitsocker och
gräddsnipa med kaffegrädde.
Vetebröd.
Sju sorters småkakor, som t.ex.
bondkakor,
drömmar,
havreflarn,
mandelflarn,
hallongrottor.
Rutiga kakor.
Randiga kakor.
Pilska finnar (finska pinnar).
Vid julhelgen även fårafittor,
intogs mestadels vid bord med duk.
Nu:
Välj mellan 15–20 små kapslar som ska stoppas in i en
maskin,
som under trettio evighetslånga sekunder
för ett ogudaktigt oväsen.
Halvliterstora muggar, ibland t.o.m. öronlösa,
eller ”engångsmuggar” med plastlock.

Varm mjölk,
överdimensionerade muffins,
med syntetisk blåbärsfyllning,
intages ofta stående eller gående eller
t.o.m. springande.
Visst är det annorlunda, eller
”annevessare”, som vi sa i barndomens Västergyllen.

Klä'vitt.

"Klä'vitt", "Klä'vitt"
ropade kattuggleparet vid nattens jakt.
Och då gjorde naturen det.
Fint va?

7 januari

Kallt.
Överallt.
Behövs salt.
Annars halt.
Stannar inne, njuter malt
som jag själv valt.
Inget dalt
med gammal galt.

Julslut.

Aldrig väl vassare barr.
Hade en gran i mitt hus,
barr som lämnade ärr.
Likt bitmärken utav en lus,
på mina armar och händer,
även så på mina länder.
De stungo och stack,
men nu är de tack
och lov
ute ur huset.
Häromdagen var det nästan grönt.
Skönt.
Nu är det åter vitt.
Shit.

Dagens väder.

Snö.
Tö.
Svalt.
Halt.

Ut.

Nyss föll skymningen
med utsökt grace,
ända tills den snubblade
på horisonten.
Då kom kylan smygande.
Stängde fönstret.

Fredagsmenyförslag.

Biff med gök.

Vår?

Vårbruket påbörjat.
Hittade sekatören,
i kylskåpet!
(under jordnötssmöret, som jag aldrig äter – bara köper)

Arom.

När nu den tunga odören från flytgödselspridarna,
gifter sej med stickande gräsbrandsdoft
och man ser rökarna sväva älvalikt en meter ovan mark,
då börjar man tro på ännu en vår.

Vår II

Här utanför plöjer nu bonden sin åker.
Han följs av en svärm med gråvita kråker.
Han plöjer i cirklar, han plöjer i skruv,
bakom sin blänkande motorhuv.
Han plöjer i små cirkulära sektioner,
jag tror han ska odla skruvmakaroner.

Inköp.

Semlorna köper man numera på bensinmacken,
och spolarvätskan i speceriaffären. Billigare så.

Tröst.

På Apoteket köpa gratis,
pengar över, blir potatis.
Destillerad, klar och fin,
kallas även brännevin.
Medicinen läker kroppen,
alkoholen lisar knoppen.
Gifterna gå hand i hand,
bort mot drömmens Samarkand.

Idag.

Idag hade några av hagarnas hästar täcken över sina
ryggar.
De som hade rödrutiga täcken såg ut att må roligast.

Klockan Två.

Nu börjar våren så sakta vakna.
Nu gå hästarna åter nakna,
ute.

Knopp.

När knoppar knoppas,
små bristningar hörs.
Det är så livet görs.

Lust.

Nu lyser sol på Hallands kust.
Jag fylls av lust.
Lust att leka, lust att smeka,
hud så len på kind så mjäll.
Att utestäda, elda träda,
Denna stilla kväll.

Gravitation.

Konstaterar med jämnmod,
med stigande ålder blir jag allt känsligare
för jordens dragningskraft.
Röven befinner sej nu 18 mm närmare jordens yta
än den gjorde vid millennieskiftet.
Detta i position stående.

Bok.

I bokskogsbeståndet, det mellanhalländska,
står nu bokarna behärskat bugande i vårvinden.
I söndagseftermiddagens milda släpljus
skimrar stammarna silvermetalliskt,
rofyllt,
meditativt.
Kommer man närmare förnimmer man
hur de otåligt stampar med rötterna.
Vill slå ut!

Sevärdheter.

Även ruiner kan vara sevärda,
jag funderar på att bli utställning
(kanske installation).
Kan ha en liten skylt med text:
”OBS, föremålet får vidröras”,
och en annan:
”Mata gärna objektet”.

Högtider.

Nu nalkas med stormsteg nyaste folknöjets dag.
Kosläpp med gratis entré,
dock, parkeringsavgift som måste betalas kontant, ej med kort.
Fyrtio kronor per bil, inget kvitto,
ger arrangören ett nätt litet netto.
Förr var det Jul, Påsk och Pingst,
som med fröjd och förväntningar fyllde vårt sinne.
Nu är det Halloween, Black Friday och kosläpp som är inne.

Limerickvariant I

En närminnesarkeolog
på sin nedsuttna skinnsoffa låg.
”Jag minns att jag hågar
men något mej plågar.
Jag kan inte komma ihåg.”

Kallt.

Solen lyser,
ändå fryser,
jag
Denna sabla
dag.

Sånt är livet.

Där låg ett hus vid stranden,
mer än tvåhundra år.
Det plågades av sanden
och västanvind så svår.
En gång det lyste falurött,
med tiden färgen blev bortnött.
Halmtaket verkade rätt sprött,
på avstånd framstod det som sött,
men luta' lite trött.
I helgen blev det rivet.
Sånt är livet.

Förr.

Allt var inte bättre förr, men då var i alla fall då.

Önskan.

Nu klorofyllnar boken,
i skogen till,
den token,
ty bokskogsboken grönska
är vårligt skir och blid.
Jag ville gärna önska,
att under bokens grönska,
få vila ut i frid.
Helt fri från kiv och strid.

Göken.

Det gökas i buske,
det gökas i snår.
Det är vår!
Det gökas i dal och
det gökas i höjd.
Det gör fröjd.
Det gökas av liten,
det gökas av stor.
Dock gökas det ej
av Tor-
Björn.

Nästan.

Nu bleknar rapsen,
nu blommar klöver,
så nu är försommarn nästan över.

Sommardikt på nostalgiska.

Sitter här på murken stubbe,
liten gubbe.
Glad och rund,
utan hund.
Med liten sill och liten nubbe.
Ekologiskt.
Euforiskt.
Smekt av pingstdagsfläkten,
iklädd bara andedräkten.

På väg...

"Värmen är på väg", enligt väderexperterna.
Jag undrar bara åt vilket håll den är på väg.

KD

När mor blev senil röstade hon på Krisdemokraterna.
Hon tyckte att Alf Svensson hade så fina skjortor.

Fotboll I

Oj, oj, oj, oj, oj.
Så de sprungo, så de sleto, på det nederländska gräset.
De svenska hjältinnorna.
Mot dem mäktade denna afton di ryske platt intet.
Det enda spår de efterlämnade var en ledsen nolla i protokollet,
alltmedan di svenske listigt lotsade läderkulan tvenne gånger in i målet.

Fotboll II

Visst löpo de läckert hjältinnorna våra,
men italienskorna blevo för svåra.
På raska små fötter de sprungo så fort,
för svenskorna kändes det helt som förgjort.
För att vinna en dylik bekymmersam rond,
det kräves nog mer än att blott vara blond.

Fotboll III

Ett sorgesamt kväde om den stora kampen, på
nederländska marken högsommarkvällen i juli 2017.
Så tappert de stredo,
de löpo likt hindar.
Voro ej redo för holländska kvinnor,
trots Seger i laget.
De tappade taget
och stå nu med lutande axlar,
så snopna en stund
och ta in detta faktum.
"Bollen är rund".
Nu sorgen må släckas
och minnena väckas,
om fornstora segrar på ärones fält.
Det börjar när fluidet i mig jag hällt.

Tanke.

Tänkte tvätta bilen.
Blev inte av.
Men det är ju tanken som räknas,
eller?

Vintervår.

Nu stå snödropparna förnumstigt nickande invid stugväggen.
Med sina vita hjälmar och gröna stövlar likna de forntida kommunalarbetarna.

I ortsverige.

Strax utanför Ulricehamn,
finns en ort med ett ovanligt namn.
Det rimmar på hitta,
ja, även på gitta.
Jo, Nitta är samhällets namn.

Limerick II

En flott fetischist från Laholm
cafégästerna tog med storm.
Hon sade: ”Jag bjuder,
båd’ helgon och luder,
bara dom har uniform.”

Fullmåne eller full måne (Mullfåne).

Bländad av månen
står han,
fånen.
Utan minsta tanke på rim eller reson,
skäms ej det minsta för lånen
av orden,
från en
äldre och klokare person,
som nu pensionär
är vorden.

Vår II

Nu blommar hassel
och vållar trassel,
för näsa, hals.
Och framåt helgen,
då blommar sälgen.
Då blir jag tyst, låter inte alls.
Men nyser, hostar,
ja, ja, det kostar,
att ej va `fri
från allergi.

Vår III

Lärkans glada drill i skyn,
inspirerade mig storligen.
Jag gick ut och gjorde sammalunda.

Andlighet.

Andligt anfäktad,
köpte prästost
Ringa tröst.

Kontroll.

Ögonbottensfotografen var en mycket vacker och
tilldragande kvinna.
Skälmskt leende fyrade hon av sina solgula blixtar rakt
in i min hinna.
Jag förmodar att hon kunde läsa minna innersta tankar,
hon rodnade så vackert.

Byte.

Försökte byta åsikt,
gick inte.
Hittade ingen att byta med.

Den lille.

Den lille som ville så ofta och gärna,
på sistone verkat rätt trött.
Förr lydde han minsta impuls från sin hjärna,
tog t.o.m. intryck från främmande stjärna,
och reste sej snabbt och distinkt.
I ungdomen ville han mer än han ville,
var blixtsnabb, för tidig ibland.
Sen kunde och ville han gärna och ofta,
ibland tog han över och styrde sin herre.
Försökte få stopp – det blev bara värre.
Men,
någonting hände på ålderns höst.
Nu glyser han bara förstrött.
Han är nog nu slutkörd och trött.
Snart sover han, finally, sött.

Ut.

Tittar ut i hård blåst - blir vindögd.
Svalde lampa - lös i magen.

Dimma.

Nu står dimbankarna otåligt stampande några hundra
meter ut över Kattegatt.
Om en stund kommer de ljudlöst rullande in över land.
Ingen kan banka så ljudlöst som dimbankare.

Folk.

I Kemi bor kemister.
I Horn finns det hornister.
De veta vad som trist är,
på levnadslust där brist är.
Men,
frillesås har frillesäsingar,
och Stråvalla har stråvällingar.
I Morup morpikander,
i Kabul finns afghaner.
I Kina finns kineser,
på Bali balineser.
I Lund är dom lundensare,
på Kreta bor kretensare.
I Halmstad halmianer,
i alla fall en del.
På Ven är dom venösa
i Salem religiösa.
I Hull bor huliganer,
i Grekland finns spartaner.
Men alla är de folk
som behöver tolk.

Brittsommar.

Alldeles nyss var det Brittsommartid,
med höstsol som lyste så mild och timid.
Men även små flugor, så ettriga, ilska,
förmodligen även brittsommarpilska.
Ikväll är dom borta, jag dräpte dem alla.
Låt temperaturen så sakta nu falla.

Gammal.

Gammal kärlek rostar.
Det kostar.

Globalt.

Att få bo i en socken med urgammalt namn, som fungerar i dagens globaliserade kommunikationsvärld känns bra:

“When in Europe,
don’t miss Morup.”

Byte II

Igår var jag på ett mycket trevligt födelsedagskalas.
Många gamla och nya bekantskaper,
god mat och åtta sorters kakor till kaffet på maten.
Vid min hemfärd uppstod viss förvirring.
Jag åkte ifrån min fiol men fick istället med en poet i bilen.
Vid närmare eftertanke har jag kommit fram till att jag har bättre bruk för en fiol än en poet, så jag byter tillbaks.
Som det kan bli.

Kamp.

Ikväll har jag kämpat mot tusentals spjut.
Grågröna, sylvassa, elaka nålar.
Granen ska äntligen ut nu, till slut.
Jag sitter på golvet bland barren och vrålar,
jag har besegrat julen till slut!

Krim.

Tvenne nätter med Jo Nesbös törst,
av norska krimförfattare jag håller honom högst.
Oslovyer, psykologer, poliser och banditer skildrade
med must och märg. Men översättaren, han finns i
Falkenberg.

Vårbruk.

Över den svarta åkern
drar en grön traktor, en röd harv.
Vita måsar och svarta kajor
utgör ett låghöjdsskränande aktersvall.
Men i åkerrenarna stå fläderbuskarna nakna
och vänta skälvande på humlor.
Traktorföraren är av medellängd och bär solglasögon.

Ålder.

Mötte en gammal bekant utanför handelsboden i förmiddags.
"Så kul att se dej", sa hon.
"Du har inte åldrats alls".
Jag blev glad, först.
Så fortsatte hon:
"Vi pratade om dej hemma häromdagen,
och konstaterade att du ser ut som du alltid har gjort"
Så log hon och fortsatte:
"Du såg gammal ut redan som ung."

Vår i Lyngen.

En gråsparv kraxar hest sin drill:
”M’krill, m’krill, m’krill”.
Och i en granfur tätt intill,
en Näktergalning hjälper till.
Så glad och nöjd,
och full av fröjd,
den stämmer in i melodin
och gastar som besatt.
Men bak en molnbank grå och mjuk,
där håller måsen trut.

Vårtecken.

På väg mot Falkenberg skymtade jag något litet, solgult lysande i vägrenen vid Rosendal. Kunde det vara vårens första Tussilago? Jag körde åt sidan, stannade och gick ur bilen och steg ner i diket för att hitta blomman. Hittade det gula, men det var ingen Tussilago. Det visade sej vara en relativt nybruten förpackning av Gul Mamba.

Kanske ändå ett vårtecken.

Morgonsyn.

Härinne bak rutan jag sitter så vinterblek
och skådar på harar i yster lek.
Harar som hoppar,
harar som skuttar,
harar som trippar,
harar som pippar,
harar som harar sej,
harar som parar sej,
harar som har brått,
(för harar går det fort).
Underbart är kort.
Så förtjusande kort.

Höstdagjämning.

Idag jag haver höstdagjämnat.
Sommarkostymer till kemtvätten lämnat,
tittat på löven som har fallit av
och ligger, men dom får va' kvar.
Fallfrukten skimrar så vackert på marken,
skägglavar anas försiktigt i barken.
Rönnbären glöder,
till vintern dom göder
pilfink och trast.
Höst.

Höst II

Nu i oktober är det nästan tio år sedan någon ropade
"Gubbjävel" efter mej.
Kan nästan sakna det, för nu ropar ingen någonting,
efter mej.

Bild.

En bild säjer mer än Buster Keaton.

Bikt?

Idag blir det ingen dikt.
Jag har förmodligen fått gikt.
Portvinstå,
hej o hå.
Stortå öm som ögat,
för att
jag spisat för många djur med skal.
Därför dessa kval.
(Enligt en läkare på vårdcentralen kan alltför stort intag
av skaldjur framkalla gikt.)

Lidande.

Stortån svider
och jag kvider.
Men jag lider
hellre i en Jaguar,
än i en Opel.

Reflektion över årets skörd.

All majs
blev inte najs.
Istället för tre meter hög,
blev den på vissa åkrar bara halvannan meter,
med kolvar små som kaninpittar,
istället för stora som termosar.
Kanske vissa kor i vinter får gnaga på ramarna.

Min mindre fauna.

Spindlarna
spindlar omkring och vindlar i vrårna.
Bak dörrfoder, lister och annat jag når,
när jag står på tårna.
Springor så smala som ålderspension,
tar dom sej ut ur
utan pardon.
Spindlar som spindlar
och vindlar
och tindrar sin väg genom liven.

Fauna.

Vid min hemväg går en häst,
stor och vacker, härlig häst.
Denna häst nu fått en gäst
med korta ben och prickig dress.
En liten, ärtig åsna.
Dessa båda har nu fest.
Den som verkar trivas bäst
är nog liten åsna,
som kanske heter Åsa.

Katt – fnatt.

Denna natt
har katterna fått fnatt.
Leker tafatt
i fruktansvärd fart.
Över soffor och bord,
sedan runt mina ben.
Höga fyrfotahopp,
sedan av i galopp.
Över bord, över bänk,
och så upp på en skänk.
Smidiga som flygande pantrar,
ända tills Tv:n kantrar.
Det blev alldeles tyst,
inte minstaste knyst.
Båda två låtsas sova så djupt
(men den ena öppnar en liten, liten springa
och tjuvtittar på mej när jag reser upp Tv:n och
rättat till mattorna och dukarna).
Själv går jag leende till sängs.

Katt (igen).

Inte bara T.S. Eliot har diktat om katter. Även svenska poeter,
visdiktare och singer/songwriters, t.ex. Astrid Lindgren,
Olle Adolphson och Alf Hambe m.fl.
Upptäckte nyligen att även min sjungande syster, Inga May,
fått med en katt i inledningsraden på en av sina mest
spelade sånger:" Tän katt få vakna..."

Midnattsloppet.

Häromkvällen upplevde jag midnattsloppet i Göteborg. Det är ett lopp för hugade löpare av båda könen som skall springa 10 kilometer genom stadsdelarna Majorna och Masthugget i västra Göteborg. De betalar från 395 kr/person för att få utföra denna bragd i mörker, kyla och ösregn. Från ca 21.00 till ca 23.30 är ett antal gator avstängda från övrig trafik. Helt avstängda. På en av dessa gator hade jag parkerat min bil. Jag deltog i en spelning som var klar strax efter 21.00. Då skulle jag hämta min bil och köra hem.

Omöjligt.

Först fick jag titta på några tusen genomblöta löpare i olika format och modeller, sedan på ett antal fumliga funktionärer i gula regnkläder som inte riktigt visste om de skulle släppa ut mej eller inte. Det var inte, i drygt två timmar. Kl. 23.30 släpptes jag ut. Kraftigt regn och stiligt åskväder gjorde min hemresa omväxlande. Jag har alltså deltagit i midnattsloppet-från fel sida.

Final.

Måndagseftermiddagens oktoberhimmel rodnar
klädsamt.
Undrar varför.